JN410020

한 세상
사노라면

오성건 시집

교음사

첫 시집을 내면서

해지는 저녁 무렵 서녘 하늘 고운 노을타고 연민의 정 한아름 안고 북녘 샛바람에도 가고 오는 세월, 꽃은 피고 지고, 속절없이 걸어 휘적휘적 예까지 왔습니다.

질곡의 세월 눈보라 비바람에 깎이고 씻긴 흔적으로 깊은 주름 무서리가 그윽하게 수채화로 무르익어 돌아왔습니다.

잘 물든 단풍은 봄꽃보다 아름답다고 했던가.

돌아보면 1986년 꽃피는 봄날, 김춘수 꽃 시인과의 첫 만남, 그로부터 3년의 세월! 조석간 조우로 깊은 시정에 감흥을 울리는 시작 사사 중 내안의 가녀린 시심의 작은 겨자씨 한 알 헤집고 찾아내 시혼의 심지에 불을 당겨준 그 태산 같은 고마움 어찌 잊으리오.

12년 전 칠순 기념, 『처음이고 마지막 쓰는 자화상』 수필집을 내고, 늘그막 만추에 내가 살아온 세월에 맞추어 시 82편의 첫둥이를 낳아 애지중지 안고 숨 가쁘게 돌아왔습니다.

하오나 독자의 마음 어찌 흔들어 드릴지 한없이 두렵고 설렘에 긴긴밤 단잠 설칩니다.

봉황새는 천리를 날아도 서속(黍粟)을 쪼지 않는다는데 이제 무척이나 짧게 남은 날들을 나 그리 살며 아주 먼 훗날에 오래오래 남을 곡진한 시 멈추지 않고 수리부엉이처럼 늘 깨어 써 갈 수 있기를 주님께 간구해 봅니다.

허허로운 시집

눈물겹도록 찬란한 평설을 달아주신 문학평론가 중앙대 이명재 명예교수님께 마음 깊이 감사드립니다. 과분한 추임새로 용기주신 이성교 성신여대 명예교수님, 현 한국기독교 문화예술 총 연합회회장이신 대전대 김소엽 석좌교수님의 정금 같은 추천의 글에 고개 숙여 감사드립니다. 또 제자(題字)는 원곡 수제자이며 서예 대가 춘파 홍덕선 장로님, 표지화(畵)에 국전 국무총리상을 수상한 원로화백 장완 장로님, 시집 순산에 크게 힘을 실어주신 국제PEN한국본부 이민호 홍보위원님과 곱고 맛깔스럽게 시집을 내준 교음사 강병욱 대표님, 이 모든 분들께 감사의 정 오롯이 들어부어 올립니다.

아득히 먼길 얼룩진 한 세월을 걸어오면서 지쳐 쓰러질 때 손잡아 일으켜 묵묵히 반백년 훌쩍 넘게 동행해준 사랑하는 아내에게 감사하고 내 생에 큰 힘이 되어준 우리 둘의 후사 현승(강주희), 현주(구자곤), 현중(신은정)에게 너무너무 고맙고, 특별히 원고 정리에 현승 안수집사의 도움이 무진 컸음을 여기 밝혀둡니다.

오늘의 모든 것은 나의 빈 잔을 늘 채워주시는 오직 한 분, 값없이 주신 광휘(光輝)의 은총임을 기도로 고백하며 두 손 모아 마음 다해 감사드립니다.

2020년 신정에 표천

1 한 세상 사노라면

한 세상 사노라면 … 16
강물 … 18
어느 날 문득 … 20
여보시게 ! … 22
편지 … 23
소원 … 26
반쪽 미소 … 27
갈증 … 28
몸부림 … 29
세월 … 30
원로화가 장완(張完) 화백 … 32

2 슬프게 하는 것

석양 … 34
고뇌 … 35

궁휼 … 36
고향 … 38
은총이옵니다 … 40
성묘 … 42
금혼식(金婚式) 날! … 44
회상 … 47
정 … 48
슬프게 하는 것 … 49
사모곡(思母曲) … 50
절규 … 52

3 낙엽

서글픈 보릿고개 … 54
어버이날에! … 56
빈 들녘 허수아비 … 57
자화상(自畫像)·2 … 58
벽오동 … 59
목련화 … 60
낙엽 … 62
두물머리 … 64
5월이 오면 … 66
아, 여든 고개 … 67
은쟁반의 칠월 청포도 … 68

4 그리운 어머니

그리운 어머니 … 70
산다는 것 … 71
괜찮아! … 72
용(龍)의 눈깔 … 74
손가락 하나만 … 75
바다 · 2 … 76
팔십의 철부지 … 77
봄은 요술쟁이 … 78
세월아! … 79
내 구두 … 80
북녘으로 가는 길 … 82

5 혼자 떠나는 여행

갈석 강석호 선생을 애도하며 … 84
갈석 강석호 장로님께! … 86
이 풍진 긴 세월이 … 87
해의 퇴근 … 88
마지막 불꽃 … 89
허수아비 … 90
한평생 사노라면 … 92

쑥부쟁이 · 2 … 93
혼자 떠나는 여행 … 94
누가 그리 하나 … 95
무심한 세월아! … 96

6 봄꿈

회심 … 100
열녀 공덕비! … 102
참새 떼들 … 103
이보소 벗님네들! … 104
어머님 추도일(追悼日) … 105
여보게 친구! … 106
못 견디게 그리운 날은 … 107
구절초(九節草) … 108
봄꿈 … 109
죄송합니다 … 110
꿈마다 … 111
산까마귀 … 112

7 고바우 영감

덤으로 주신 목숨 … 114

절창(絶唱) … 115
바람 세례 … 116
고바우 영감 … 118
대여(大餘) 김춘수 시인을 생각하며! … 120
백로 한 마리 … 122
자취(自炊) … 123
한 평생(平生) … 124
사랑하는 딸아! … 125
사랑하는 아들들아! … 126
시로 쓰는 자화상 … 130
자화상(自畵像)·3 … 127
샌디에고 한인연합감리교회 창립 40주년 축시 … 129
송정교회 창립 50주년 축시 … 132

작품해설 … 이명재(문학평론가) … 135
시평 … 이성교(성신여대 명예교수) … 150
추천의 글 … 김소엽(대전대 석좌교수) … 152

1

한 세상 사노라면

한 세상 사노라면

우리 한 세상
사노라면
억장(臆腸) 무너질 일 어찌 한두 번이겠는가
그래도 그러려니 사는 거다

우리 한 세상
사노라면
바람 불어 가슴 시린 날 어찌 한두 번이겠는가
그래도 그러려니 사는 거다

우리 한 세상
사노라면
죽음의 이별 슬픈 아픔이 어찌 한두 번이겠는가
그래도 그러려니 사는 거다

우리 한 세상
그리 참고 견뎌 섭리 안에 사노라면
무너지는 아픔도 슬픔도 깊은 고뇌도
어차피 한 평생 그렁저렁 흘러가고

풀잎 이슬 되는 거다
아침 안개 되는 거다
옛날 옛적 얘기되는 거다
그 아픔 그 상처 황금(黃金) 진주(眞珠)되는 거다

강물

태고의 침묵으로
흐르는 강물은

앞서거니 뒤서거니
다투지 않고

산이 막으면
돌아서 가고

바위가 막으면
몸을 쪼개 휘감아
돌아가고

웅덩이를 만나면
거기 다 채우고
뒷물 기다리다 유유히 간다

강물은
늘
낮은 곳으로

낮은 곳으로만

큰 꿈 한아름 품고
멀고 험한 바다를 향해
억만수심(億萬愁心)
다 끌어안으며

오늘도 쉬지 않고
조용히
조용히
바다로 간다

어느 날 문득

세월아!
늘그막 긴 세월 숨어 자란
내안의 무량한 가라지들을

이제 그만
말끔히 갉아먹고
훠이훠이 멀리멀리 가거라

내 진정 절절히 바라느니
너 먹고 간 내 마음 그 빈자리에

잘 여문 사랑 씨앗
하나만 고이 심어 놓고 편히 가거라

아침 이슬 봄 햇살 스치는 훈풍
촉촉이 머금고 무성히 자라
꽃 피고 지고 열매로 주렁주렁 매달려지면

속절없이 머지않아 당도할
가쁘게 숨 거두는 임종의 자리까지

비우고 겸손히 어진 침묵으로
그 사랑 베풀다
어느 날 문득 가고 싶구나

여보시게!

어느 여름날
나 찾다가

새벽마다 기도하던
성전 맨 앞 빈자리에

내 손때 묻은 성경만
펴 있거든

가브리엘 천사
손잡고
좋아라 더덩실 춤추며

하늘나라
백합꽃
구경간 줄 아시게

편지

별처럼
너무나
멀리 있어
더 그리운 딸아!

깊고 검푸른
태평양 건너
눈이 시리도록
높고 파란 하늘 아래
사막에 꽃 피우고
야자수 우거진
오아시스 샌디에고

지금쯤
뜰 앞 바다
너럭바위 위엔
하얀 갈매기 검은 물개 떼
유유히 벗삼아
노닐고 있고

사계절
풀꽃향 그윽한
늘봄 정원엔
그리도 작고 날쌘
몸보다 부리가 더 긴 벌새가
그 작은 날개
잽싸게 퍼덕여
비행 정지 뽐내며
향기 토하는 꿀 찾아
몹시도 분주히
날겠구나

나는 오늘도
원앙새
너와 네 낭군 구서방
그리도
마냥 보고픈
내 외손 남매가
청순하고 든든히
대망의 꿈이 지금

알차고 야무지게 무르익고 있는

거기가
문득문득
나 어릴 적 고향보다
더 그리워
밤이면 꿈마다
마실처럼 찾아가
더듬는 단다

- 고요한 아침의 나라 너희들 고국에서 아빠가 -

소원

어느 먼 훗날
삶과 죽음이 만나는 날
당신의 놀라운 사랑을
믿기에 기도하옵느니

나의 영혼을
주께
맡기나이다
받아 주소서

이 한마디가
내 생애
마지막 말로 멋게
하옵소서

주님!

반쪽 미소

벗이여!
나를 만나러 오려거든
부디 부-디 내 얼굴 반쪽만 보시오

반쪽은 당신이 진정 반가워도
웃어 반기지 못함이니

그것은 내가 아무리 원해도 듣지 않아
어찌 할 수 없음이오

하여
다시 간곡히 부탁이오
한쪽만 보고 오해랑 마시라고

한쪽이 못다 한 정
반쪽에 두 배 담아 눌러
넘치게 웃어 주리이다

갈증

사랑하기보다는
사랑 받으려만 하고

이해하기보다는
이해 받으려만 하며

버리고 비우기보다는
더 채우고 더 담으려함은

오롯이 내 마음의 옹졸과 가난에
나로 연유됨이려니

하여 아 어찌해야 좋을 거나
내 자책의 타는 목마름이

더 통렬한 아픔 되어
무시로 나를 찌릅니다

몸부림

붉은 설중매 수줍은 듯 향기 토해도
아직 봄은 아니오

칼바람 눈보라 제아무리 휘몰아쳐도
이젠 겨울도 아님은

한발은 봄에
또 한발은 겨울에 걸쳐논

몽니 겨울 나그네
떠나기 아쉬운 성난 몸부림이라오

세월

세월아!
이젠 제발
너만 홀로 훠이훠이 가거라
너는 정녕 전생에 달음박질 선수였나 보다

오랜 풍상 이끼 낀 긴 세월
너 따라 가기엔
난 이젠 정말 정말
지쳐 버렸나니

이제는 신발 벗고 쫓기듯 바삐
숨 가쁘게 뛰어도
너와 함께 가기엔
너무 너무 고달프구나

너 꼭 잡은 내 손목 풀어만 줄라치면
꽃구름 한가로이 떠가는 푸른 하늘 아래
유유자적 더디게 더디게
가고픈 마음 간절함이니

무심한 세월아!
내 진정 무량 바라느니
이제는 너 혼자 앞서 가고
날 그냥 여기 내버려 두고 너만 가거라

원로화가 장완(張完) 화백

국전 국무총리상, 스페인 프레국제전 금상
원로화가 장완(張完)화백 기도 중에 혼을
쏟아 그려 받은 화폭, 대상을 심안(心眼)의
도가니에 넣고 혼융(混融)생명을 불어 넣어
소록소록 갓 피어난 장미 두 송이

소재의 구상을 사유(思惟)의 추상으로
녹여 공존해 낸 변용(變容)의 자연 원색의
붉은 장미 울컥 울컥 토해내는 장미향
온통 방안이 생명으로 가득 차 출렁이며
격정으로 굽이치고 휘몰아친다

"창조주 은혜의 빛을 감동으로 표현
새로운 아이디어 수없이 편곡하여
마무리해 나간다"고 신앙 고백하는 장화백!
긴 세월 평강 중 명작으로 신의 영광 빛내기를
새벽 성전 기도의 불은 밝게 켜져 있으리라

2

슬프게 하는 것

석양

배 떠난 포구
외갈매기
슬피 울고

바람 같은
세월은
멈추지 않고

인생은
가을같이
붉게 익어 가는데

석양은
남은 길 어서 가라
더 재촉하네

고뇌

눈물 없는 인생 어디 있으랴
저 높고 파란 하늘에도
먹구름 천둥번개 잠자고 있고

풍우대작
진눈깨비 눈보라도
한을 품고 때를 기다리고

어쩌다 어쩌다 일곱색깔
무지개 잠깐 떴다
연기처럼 스러지거늘

하물며
쑥부쟁이* 인생 가는 길에
꽃길 꽃가마도 아침 물안개이려니

어허 깊은 고뇌 긴 한숨
어찌 어찌
없으리오

* 쑥부쟁이 꽃말 : 그리움, 기다림

긍휼

몹쓸 암덩이
폐 반쪽 싹둑
잘라 장례 지냈다

그때 벌써 뽀그르르
멈춰버렸을
내 심장 박동이거늘

하온데
지금도 쿵덕쿵 쿵덕쿵
촌음도 쉬지 않고 여일함은

범상치 않은
지극히 높으신 분을 향한
태산 같은 사랑의 간증이요

히스기야*의 면벽 기도보다
더 크게 긍휼을 베푸신
은총이어라

* 히스기야 : 이스라엘 14대 유다왕 히스기야가 낯을 벽을 향하고 여호와께 병(病) 낫기를 기도하니 "네 기도를 들었고 네 눈물을 보았노라" 응답받아 15년의 생명을 연장 받음.(왕하 20:5)

고향

누가 가고 싶지 않은 고향 어디 있으랴
그리도 못 잊는 건 고향입니다

봄이면 텃 논배미 뜸부기
뒷산엔 뻐꾸기 목놓아 울고
지천인 꽃들은 꿀향기 토해내
벌나비 불러오고

비 오면 투망 던져 고기잡던
실개천 휘감아 돌아가고
비 개면 파란 하늘 잠자리 떼
왈츠춤 매미 합창 흥겹고

벼 익으면 메뚜기 잡아
강아지풀에 줄줄이 꿰던 들녘
뽕나무 올라 까만 오디 립스틱 범벅
실컷 따 먹던 그곳

밤하늘 별들은 총총하고
반딧불이 유난히 반짝이던 곳

홀랑 벗고 물장구 멱감던
내 동무들 지금은 다 어디에

긴긴 세월가면 잊힐 날 있으련만
아직도 잠들면 이내 고향입니다

은총이옵니다

내 어머니 몸 빌려 목숨 건 진통에 안겨
값없이 받은 이 생명 꼬물꼬물 팔삭동이
탯줄에 달려 세상 나와 옹아리하더니만
어언 여든 한 돌!

심장 박동 여일하게 촌음도 쉬지 않고
너는 내 것이라 기름 부어 인치시고
무시로 꿇는 무릎도 신음까지 들어 주셨네

하여
스스럼없이 두 발 땅 딛고 분주히
할딱이며 동가숙 서가식 오갔더니만
언젠가 살며시 숨어들어 자란 암 덩어리
죽음의 덫이 나의 생명 노리고
죽음의 밧줄이 나의 목 졸라 맬 때
삭발 후 전신마취 머리 열고 또 가슴 열고
샛별 보고 땅거미 질 때까지 뚝 잘라내기 두 번

삶과 죽음 이승과 저승 오락가락 하온데
불구하고 실낱같은 이 생명줄 끝내 놓지 않으심은

오롯이 하늘의 섭리인 것을
사랑이 무뎌 노상 무심히 잊고 누린 이 미련퉁이를
독사의 자식이라 진노하심 마땅하온데

아! 주님은 그 작은 겨자씨만큼도 묻지도
나무라지도 않으시고 또 오늘 깨워 새날 주시다니요
태산 같은 은총 겨우 두이레 강아지 눈만큼 보여
부끄럽게도 너무 늦게 이제야 그 크신 손길
통절히 깨닫습니다

성묘

구름에 달가듯 금강물 휘감아 돌아
옥류 도도히 흐르고
솔바람 노송 솔향 그윽한 햇살 고운
부여 탑산리 선산

어서 오너라 너희들 그 먼길 힘들게 여기 왔구나
이리도 좋고 반가울 수가 없다
정말 너희들 보고 싶은 마음 간절했다
허나 이제 보았으니 그만 서둘러 어서 내려들 가거라
요즘 너희들 세상이 광풍으로 무척 요란터라

우리의 육은 여기 흙으로 돌아가 누워 있으나
우리의 영은 하늘에서 너희들과 너희들 세상
잘되기를 주야장천 기도하고 있다
하늘의 뜻과 섭리 따라 너희들 모두 세상에서
정말 잘 살아야 하느니라

너희들 다정히 손잡고
멀리 코스모스 해바라기 꽃길 배웅 못해
무정타 섭한 생각일랑 행여 당초 말거라

냉큼 일어나 새모시 옥색옷 갈아입고
옷고름 바람에 날리며 팔 휘젓고
함께 가고픈 우리의 깊은 심정
너희들은 모르리라

부모님 살아생전 불효
이제야 우리가 부모 되어 알아
굵은 죽비 되어 서럽도록 아프고 아픈 그리움만
한아름 안고
깊이 울며 총총히 돌아온 추석 성묘!
아! 보고 싶습니다 어머님 아버님

금혼식(金婚式) 날!

1968년 1월 23일 11시
봉래원 예식장
주례 증경총회장 김윤식 목사님
축복의 서설(瑞雪) 휘날리더니 겨울 같지 않게
봄처럼 포근하고 무척이나 푸르도록 화창했다

기독교 초기 미국 남장로교 선교사가 세운 대수교회
권사님 중매로 만난 지순한 요조숙녀
빨간 연지볼 앵두 입술에 그 눈빛 그 설렘
그 훈훈한 숨결 그대로
연민의 정 한아름 안고 북녘 샛바람에도 속절없이 걸어
강산이 다섯 번 바뀌며 숨 가쁘게 예까지 왔다

인고의 삶 이겨낸 칼바람 겨울이 오십 번
훈풍에 꽃피는 봄날도 쉰 번
산 넘고 물 건너 후미진 먼길
힘들어 지칠 때 투정도 부렸다 달래기도 했다
어리광도 부렸다 애들처럼 토라지기도 했다
이제는 미운 정 고운 정 다 들었다

알토란 같은 3남매 님께서 덥석 안겨 주시어
섭리 안에 모두 천생배필 만나
딸 낳고 아들 낳고 사람 구실 다 해주어
손녀 손자 재롱에 늙을 새 없으니 분명 하늘의 은총이요
당신 피 다 쏟아 낳고 기른 값진 후사들이라

로고스의 주례사가 아직 내 심장에서 숨쉰다
우리는 그 흔한 신혼여행을 가지 못했다
그날 허니문 밀월 못간 나는 큰 죄인되어
꿀 먹은 벙어리로 한평생 살았다
그 한에 아이들은 모두 멀리 신혼여행을 보냈다

지금은 당신과 나 꿈 많던 청춘은 간데없고
인종의 덕과 질곡의 세월
눈보라 비바람에 깎이고 씻긴 흔적으로
깊은 주름 검버섯 무서리가 곱고 그윽하게
수채화로 무르익었다
잘 물든 단풍은 봄꽃보다 아름답다고 했던가

우리 금혼식 후 코스모스 져버린 황량한 뜨락엔

노란 국화꽃 반기고 까맣게 익어 고개 숙인
해바라기 꽃길 지나 낙조의 긴 노을빛에
돌고래 무리지어 춤추고 검은 물개 떼
유유히 노니는 태평양 바닷가 호텔
핑크색 블라인드 커튼 조용히 내리자

봉황새는 천 길을 날아도 서속을 쪼지 않는다는데
여보 우리도 그리 살세나 그려
우리 이제 길지 않게 남은 이생의 동행 마치고
저 황혼 너머 서녘 별들이 반짝이는 예비된 그곳
종언의 문 사르르 열고 들어가 편안히 쉬자

회상

대농집 막내딸 순이 있었네
정미소집 큰아들 건이 있었네

순이 씹던 아직 달콤한 풍선껌
건이 입에 냉큼 받아 넣고 무지무지 좋아했네

바람 같은 세월 타고 숨 가쁘게 온 길
비바람 눈보라도 어쩌다 코스모스 꽃길도 있었네

늘그막 본향 가는 막차 함께 기다리며
꿈같은 그때 생각에 히죽 헤죽 웃네

단물 빠진 그 껌 곱게 닳아 반들해진 안방
문설주에 아직도 꼭 붙어 나드향* 토하고 있네

* 나드향(香): 시몬의 집에서 한 여인이 한 옥합을 깨트려 예수의 머리에 부은 값진 향유

정(情)

첫 외손녀(본영) 안기어

정
다 쏟아
바닥인 줄 알았더니

정은
큰 바위산 밑 옹달샘인가
활화산 용암 분화구인가

외손자 둘째(본우)도
친손자
첫째(한빈) 둘째(한웅) 셋째(한영) 안겨도

이리도
고운 정 새 사랑
소록소록 또 고이는 보고픈 정

슬프게 하는 것

노인을
슬프게 하는 것 네 가지

빈 지갑

과거와 검버섯

외로움

사모곡(思母曲)

그해
겨울
하늘은 먹구름
칼바람 불고
눈보라 첫눈
내리던 날

하 그리도 바쁘셨나요
그냥
하룻밤만 더 쉬셨다
바람 자고
함박눈 그치거든
쉬엄쉬엄 가셔도 되시렸만

오늘
아니면
아니 되셨는지
그만 훌쩍
별 나라로 떠나가신
나의 어머님

그리운 정
켜켜이 쌓여
못 견디게 보고플 때면
내 마음 어찌 아시고
꿈속에서
다녀가시는 나의 어머님!

그리도
사무치게 부르고 싶은
그 이름
나의
어머니!

절규

매미는 사람 사는 세상을 보니 마음이 아파
마음맴 마음맴 목놓아 슬피 울고

귀뚜리는 귀를 열고 자연의 소리를 들으라고
귀뚜울 귀뚜울 목청껏 외치고

여치는 고독에 지쳐 혼자되어 쓸쓸해 보라고
쓰을 쯧 쓰을 쯧 서글피 시를 읊고

베짱이는 달빛과 억새꽃 엮어 겨울 비단 짜느라
차르르착 차르르착 물레 젓고 있다

사람아! 그대는 저 애간장 저미는 소리를 듣는가
피맺힌 절규와 함성을

3

낙엽

서글픈 보릿고개

그해 하늘도 무심했던가 긴 가뭄으로
무서운 기근 돌림병처럼 굶주림 창궐했다
6.25 사변 직후 우리 마을엔 붉은 벽돌 굴뚝
소주 공장이 있었느니

높은 굴뚝 검은 연기 모락모락 올라오면
온 동네 사람들 바가지 양동이 들고 몰려와
토해내는 따끈 걸쭉한 술재강 후후 불어
퍼서 먹고 담아가 끼니 메꾸던 어느 날!

"굴뚝 넘어오네~ 저~ 굴뚝 넘어오네~"

청천벽력 고함소리 모두들 혼비백산
다리야 나 살려라 사방 줄행랑
줄인 배 움켜쥐고 휘청휘청 멀리 달아나다
뒤돌아보니 굴뚝은 여전히 그대로

며칠씩 굶어 허기진 빈속 뜨끈한 술재강
허겁지겁 먹고 나니 거나하게 취기가 올라와
하늘이 빙글빙글 돌고 구름 가는 것

영락없이 굴뚝이 넘어오는 것 아니던가

멀리 달아났던 동네 사람들 술재강 묻은 얼굴
서로 보고 이제 살았다는 듯 허탈 웃음 웃었다
굶주려 부황병에 죽어가던 서글픈 보릿고개!
오늘도 굴뚝은 까딱도 않고 거기 서 있으리라

어버이날에!

해마다 5월 이맘때면
흐드러져
지천(至賤)인
빨간 카네이션

얼마나 깊고 깊은 그리움으로
목놓아 불러봐도
세상 어디에도 아니 계시고
하늘 메아리뿐

부모님 살아생전
불효만 새록새록 생각나
저린 가슴 아프게
또 칩니다

빈 들녘 허수아비

가을걷이 끝난 휑한 빈 들녘
찢어진 밀짚모자 삐뚤게 쓰고
때 지난 누더기 펄럭이며

삐시감이 가느다란 외발로 서서
건덩건덩 거들먹거리는
속 텅 빈 허세꾼 허수아비

하늘도 알고 땅도 알고
해와 달도 알고 별도 알고 햇살도
바람도 안다고 툭툭 건들고 간다

하얀 억새꽃도 안다고 고개 흔들고
지나가는 새떼들도 다 안다고
헤끗헤끗 웃고 슬쩍 비끼어 간다

다만 허수아비 너만 너를 모르고
오늘도 우쭐대고 그냥 거기 서 있다
세상에도 네 친구들이 더러는 있다

자화상(自畵像) · 2

여보시오
저기 가는
저 나그네!

등 굽은 잔등에 힘겹게 한짐 지고
듬성듬성 은발 삭풍에 흩날리며
고달픈 그림자 앞세운 먼 황혼길

무슨 사연 하 그리도 깊고 깊어
침몰하는 낙조 속으로 숨 가쁘게
저리도 휘적휘적 어디를 가는가

세월 다해 문득 이승의 마지막 날
다 내려놓고 빈손으로 가는 것을
석양길 저 길손 어찌 그걸 모를까

벽오동

억장(臆腸)까지 뒤흔드는 삭풍부는 날도
뿌리째 뽑힐 듯 광풍 부는 날도
때론 죽음보다 깊은 적막에 흠뻑 젖는 날도
가슴 시리게 외롭지 않은 날 또 어디 있으랴

천년을 기다려 오동에 둥지 틀고 날아오르는
봉황의 울음소리 들을 때까지
인고의 풍상 어르고 달래며
고독의 뿌리 내려 뼈마디로 세월 삭히려니

목숨 다해 가야금 거문고로 금의환향
천상의 소리로 애간장 혼곤히 적실 때까지
깊은 밤 애잔히 흐느끼는 풀벌레 소리 벗삼아
소슬한 나목으로 하늘 우러러 두 손 모으렵니다

목련화

겨울 가고
봄이 오면
시리도록 희고 고운 목련화
목 길게 늘여
나는 너를 기다린다

지난 봄
못다 핀 꽃망울
높새바람 불어 뚝
그만 일찍 져버린
그 목련화

피었다 지는 것이
어디 목련뿐이고
또 목련이 진들 어찌 그리 슬프랴만
그래도 새봄 손잡고
찾아온 첫 귀빈

바람아
멈추어라 또

목련화 지면 어이 하리야
삼백 예순 다섯 날 매양
나는 그리움 삼켜야 하느니

낙엽

울적한 어느 가을날!
나는 너의 전 생애를
지난 추억의 주단을
꽃보다 진한 한평생 영화를
이렇게 가볍게
밟고 있다

초록으로 물올라
정갈한 바람 일궈
삼복의 함초롬 젖은
땀 씻기고
칠팔월 불볕 짙게 그늘 지어
호막한
대지 식히고

세월 다해 이제 가는 길
드믄새 드믄새
하늬바람 타고 호리호리 내려와
햇살 덮고 마구 뒹굴다
한줌 재로 흙으로 조용히 묻힌다

이게 한뉘 숙명이라고

침묵의 진혼곡
거기 바스러지는 너의 혼백
가이없이 장엄하고나
허기사 우리 또한 언젠가 그날이 오면
너나 매한가지
나는 예서 미리 보고 서 있노라

두물머리

남한강 물
북한강 물
설렘으로 얼굴 비비며
한몸 되는
저 두물머리
보거라

초면부지
고향이 어디며
예 어찌 왔느냐고
묻고
따지지도
않고

흙탕물
온갖 오물 다 품고
침묵으로 가슴 비비며
흐르는 게 목숨이라며
도란도란
험한 바다로

함께 간다

다만

어쩐 일인지
이 땅 사람들만
만나면
내 편 네 편 가르고
티격태격
증오하고 서로를
아프게 한다

5월이 오면

5월이 오면 더 보고픈 어머니!
가시던 날은 함박눈이 소복이 내렸지요
그리고 가시면서 아무 말씀도 없었습니다
우린 그리도 서러워 눈물만 몰래 닦았습니다

여기는 지금 산수유 진달래꽃이 지천입니다
나무마다 연둣빛 새 잎새로 푸르름이
날마다 더 해가고 초록빛 따스한 훈풍도
꽃 향기 머금고 살포시 스치고 지나가네요

어머니 계신 곳도 5월이 왔겠네요
개나리 철쭉꽃 홍매화는 향기 토해 벌 나비 불러
잔치 열고 도요새는 춤추고 종달이는 노래하겠네요
휘영청 달밤에 앞 강물도 유유히 흐르고 있겠지요

아~ 그리운 어머니!

아, 여든 고개

시위 떠난 화살같이 달 가고 해 가더니
늦가을 석양이 성큼 오지랖에 안겨오고
어느새 싸락눈 눈보라 칼바람 살 에이네

상기도 남은 날이 멀다고만 여겼더니
억새꽃 흩날리듯 피어나는 은발로 와
불현듯 산수는 내 머리에 드러누웠네

갈대숲 높새바람 서걱이며 스쳐가고
아드막한 하늘 아래 지치도록 걸어온 길
이제 해질녘 싸리문 살포시 닫아야겠네

은쟁반의 칠월 청포도

칼을 대야 옷을 벗는 오만한 사과보다
보드라운 손만 대도 홀라당 옷을 벗는
노란 바나나는 무척이나 낭만적이다

식칼을 대야 속을 뵈는 우직한 수박보다
작은 조막손만 대도 옷을 훌훌 벗고도 몸을 고르게
쪼개어 보이는 달디단 귤은 더욱 환상적이다

가시와 가죽으로 감싸고 돌같이 단단한 알밤보다
껍질째 송이로 먹히는 은쟁반의 칠월 청포도는
낭만과 환상을 넘고 넘어 농익은 시(詩)적이다

4

그리운 어머니

그리운 어머니

내 어머니
병실에 누워 계실제
하늘나라 가실 무렵 어느 날!

코에 꽂은 미음줄 빼내
밤새껏 창백한 당신
손목에 칭칭 감아 놓으셨네

괴로움 말 못하시고
묵언의 그 눈빛
하고픈 얘기 태산같이 쌓였네

하오나 어찌 차마
진정 그럴 수는 없었습니다
그리운 내 어머니!

당신은 이제 7남매
손때 묻은 성경책 남기시고
하늘 귀하신 분이 되셨습니다

산다는 것

인간사 산다는 게 한마당 꿈이라지만
황량한 벌판에 눈비 맞고 서 보지 않고
삭풍에 휘몰이 바람 맞서 보지 않고
시나위에 울컥 깊은 한 토해 보지 않고

너의 깊디깊은 질박한 속 어찌 다 알까만은
거친 세월 황망히 가쁜 숨쉬며 건너는 동안
황홀한 그 분 광휘에 달디단 봄 꿈 깰세라
나 혼자 못내 저어 한날도 한때 있었습니다

괜찮아!

2002년 월드컵 4강에서 독일에게 패했을 때
관중은 연민의 눈빛으로 선수들을 향해
괜찮아! 괜찮아!

혼자 남아 문제를 풀다 결국 골든벨 못 울려도
친구들이 몰려나와 얼싸안고 헹가래로
괜찮아! 괜찮아!

평창 동계패럴림픽 컬링 4강에서 독일에 졌을 때도
장애를 딛고 최선을 다한 선수들을 향해
괜찮아! 괜찮아!

세계 여자탁구 남북 단일팀이 일본에 졌을 때도
남북한 응원단이 하나되어 선수들을 향해
괜찮아! 괜찮아!

우리 세상 살아갈 때 만사가 풀리지 않고 어렵고
까무러치게 노력해도 꼬여만 갈 때에도
괜찮아! 괜찮아!

다시 시작하면 된다 다시 시작하면 된다
이제 괜찮아질 거야 괜찮아질 거야
괜찮아! 괜찮아!

세상이 용서와 너그러운 괜찮아로 넘쳐날 때
미움도 시기와 질투도 사라지고
세상은 훈훈한 정으로 정말 괜찮아지리라

용(龍)의 눈깔

시 한 수
원고지 달랑 빈 두 칸에
용(龍)의 눈깔 같은, 독수리 눈알 같은
선한 노루 눈빛 같은 시어 하나
심혜에서 건져
콕 꽂아 마침표 찍으려다

하 그만 나는
생각이 안 나
두 눈에 핏발이 돋도록
겨울밤을 꼬박 새워도
못 찾고 지쳐 몸져
앓아누워 버렸습니다

손가락 하나만

시인 이상열 구족화가의
절박한 새해 소망!

“새해에는
더도 말고 덜도 말고
손가락 하나만
움직이게 하소서”

하온데

손가락 열이 다 움직이고
온몸이 다 움직이어 걷고 뛸 수 있어도
그 천혜의 은총
모르고 사는 우매한 우리네들

바다 · 2

가장 낮고 깊은 곳에서
어디서 왔으며 왜 왔느냐
묻지도 않고 다 품어주는
바다를 나는 무지 좋아한다

오늘도 태평양 바다가
라호야 해변을 산책
바다는 어서 어서 오라
내 등 다독이며 반긴다

깊고 넓은 내 품에 안기어
세상 욕심 번뇌 다 토하라 한다
파도는 지금 바로 대답하라고
나를 조용히 흔들어 재촉한다

세상 떠날 때에 가지고 갈 것은
아무것도 없다고, 다만 잠깐
왔다간 흔적 남기고 갈 것이
무엇이 있는가를 찾아보란다

팔십의 철부지

내 나이 겨우 팔십이 되어서
좀더 사랑하며 살 걸
좀더 베풀며 살 걸
더 큰 믿음으로 살 걸
걸 걸 후회하는 철부지

하 그리도 남은 날이
노루 꼬리보다 짧겠거니
그래도 남은 사랑 남김없이
쏟아부어 아낌없이 베풀다
가고픈 마음 간절하기만 하온데

아직도 내 마음 헹구지 못한 채
나를 목마르게 하는 그 더운 충동과
나를 누르는 움켜쥐는 욕망과
내 안에 켜켜이 쌓여 죽지 않고 살아 있는
못된 자아가 부서지고 깨어지는 그날이
언제 일지 그리되기만 오늘도 기도 하옵니다

봄은 요술쟁이

봄은 요술쟁이
봄인 듯싶기에 창문 열면
아직도 한 겨울인가 싶고
이제는 봄이려니 싶어
산들을 바라보면 한여름

매화 복사꽃 피었다 지고
분명 봄날이 온 듯도 한데
봄은 머무는 듯 언제 갔나
그리도 얼른 가버린 그 봄
바람 따라 왔다 가버렸나

그렇게도 힘들게 왔다가
그리도 황망히 떠난 봄은
정녕 무심한 요술쟁이
우리내 인생의 꽃피는 봄은
얼마나 머물다가 가는 것일까

세월아!

세월아!
너는 다만
봄 여름 가을 겨울
계절이 바뀔 뿐
가는 것이 아닌 것을

겨우
산수가 돼서야
가는 것은
내가 가는 것을
이제사 알았느니라

내 구두

온갖 흙먼지 뒤집어쓰고
뒷굽 삐뚜로 닳아
양쪽 기우뚱한 채
늘 현관 바닥 한구석에
오직 나만 기다리며
졸고 있는 너

눈비 와도 싫다 않고
진흙 길도 마다 않고
묵언으로 험한 길도 그 어디든
내 온몸 담고 걸어주는
너 정말
고마우이

오른쪽은 우측으로
왼쪽은 좌측으로
곱고 고르게 닳아 좌경도 우경도
좌파 빨갱이도 우익 꼴통도 아닌
너를 나는 진정
사랑하느니

네가 나를
기다리지 않아도 되는 날이
너 없이 맨발로 먼길 떠날 날이
그 언제인지 도무지 알 수 없어 미안구나
풍설의 황혼길 멈출 때까지
휘적휘적 함께 가자

북녘으로 가는 길

북녘으로 가는
사람 가는 길이 제아무리 비단길이라 해도
철새 가는
공중 나는 길만
한결 못 하더이다

북녘으로 가는
사람 가는 길이 제아무리 꽃길이라 해도
구름 가는
파란 하늘 길만
그 더욱 못 하더이다

북녘으로 가는
사람 가는 길이 제아무리 초원길이라 해도
바람 가는
하늬바람 길만
하 그리도 못한 것을 이제 더더욱 알았더이다

5

혼자 떠나는 여행

갈석 강석호 선생을 애도하며

아담한 체구로 눌러쓴 모자에 정든 지팡이 짚고
조심조심 걷는 걸음으로 쉬엄쉬엄 오시는
사색의 그 모습 이제 다시는 볼 수 없게 되었다
갈석제(碣石齊) 손때 묻은 허름한 의자에 앉아
웃음 머금고 그리도 반갑게 "어서 와요" 반기시던
그 정겨운 음성도 더는 들을 수 없게 되었다

늘 한 손에 연필 또 한 손에 원고지 들고 안경 넘어
정교로이 교정에 임하시는 깊디깊은 그
혜안도 다시는 이 땅 어디서도 볼 수 없게 되었다

수필문학 금요반 그의 해박한 문학열강도
예리한 비평 날카로운 작품평과 과분한 추임새도
이젠 더 이상 차안(此岸)에서 들을 수 없게 되었다

장로문학상 수상 시 선물로 주신 당신의 역작
「흔들리는 나뭇잎」 친필에 양태석 화백의 그림 액자는
귀한 가보로 소곤소곤 생전의 음성으로 들려준다

'태풍이 부는 대로 눈보라가 치는 대로 흔들리는
나무는 미끈하게 자라서 재목이 된다
자연에 순응하라 현실에 충실하라

현실을 거부하면 비참이 온다'고

평생 쓰시던 주인 잃은 낡은 책상 남기신 작품들만
한없는 정적을 서리우고
조금은 슬프고 외롭게 생전에 못다 한
수필의 비수를 조근 조근 토설하고 있다

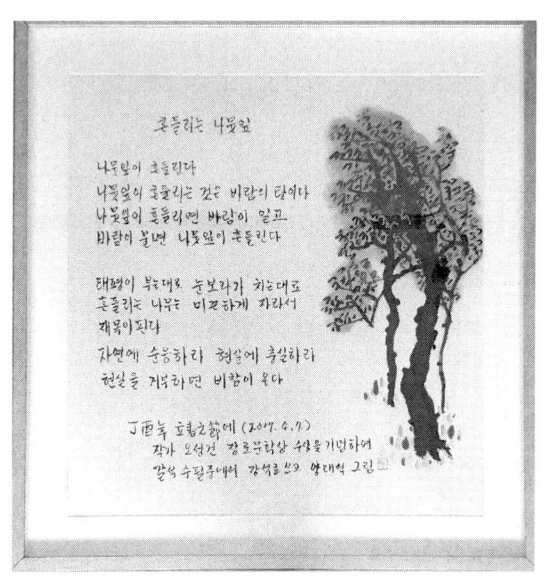

갈석 강석호 「흔들리는 나뭇잎」 친필 시(詩)문에
양태석 화백의 바람에 흔들리는 나무 삽화(揷畵)

갈석 강석호 장로님께!

강석호 장로님 뵙고 싶습니다
삼백 예순 다섯 날 그날 아니면 아니 되시는 듯
어찌 그리도 바삐 훌쩍 떠나셨습니까
아직 못다 쓴 수필 원고 문득 멈추시고
홀연히 부르심에 뒤도 돌아보지 않으시고
하 그리도 그 나라 수필 중흥이 급하셨나요

장로님께 간곡히 드릴 말씀은
월 수 금 그 나라 쉬시는 날 언제든
울컥울컥 그리워 텅 비어 버린 우리들 마음에 오셔서
못다한 수필쓰기 열강도 더 해주시고
때가 되면 지리산 아니면 대청마루로 모시겠습니다
아니 길 건너 즐기시던 매콤한 낙원동아구찜도 좋구요

오시다 중간쯤 어린이날 기념비에서 쉬셨다 쉬엄쉬엄
우리와 함께 정든 갈석제(碣石齊)에 다시 오셔서
기수회 금요반 쓰시다 멈추신 수필도 마무리 지으시고
전화도 걸어 여기저기 친구들 소식도 들으시고
편안히 오수도 즐기시다가 가실 수는 없을까요?
강석호 장로님 기다리겠습니다

이 풍진 긴 세월이

이 풍진 긴 세월이 흘러갔어도
동강난 허리춤엔 옥죈 철옹성
닫힌 그리운 산하 굽어보노니
그리운 고향집은 갈 수도 없고
가슴 저며 무너지는 향수여라

으악새 높새바람 비무장지대
갈대숲은 속절없이 서걱이고
흰구름도 한가로이 넘나들고
기러기 떼 줄지어 북녘 가는데
보고픈 부모 형제 언제 만날까

바람아 말해다오 너는 알겠지
피맺힌 통한 목놓아 울고 지고
눈물이 강물 되어 도도히 흘러
남북이 벽을 넘어 하나가 되는
이 강산 꽃피는 봄날 언제 오나

해의 퇴근

하루 일을 마친 장엄한 일몰
붉은 해가 야근할 별, 달님과 조우
살그머니 임무 교대했다

해는 혼곤히 깊은 바다에
절반쯤 몸 담그고 피로를 풀며
후적후적 땀을 씻고 헹군다

능금처럼 빠알간 낙조랑
정겹게 도란도란 주고받는
얘기 소리가 아삼히 들려온다

하늘에 일곱빛 쌍무지개 걸어 놓고
파란잎 붉게 태워 산허리 물들이고
햇살로 벗은 군상 포근히 감싸 주었느니

휴식 후 내일 아침노을 동녘 하늘에
말갛게 씻은 얼굴로 불끈 솟아오를
찬란한 광휘의 꿈을 꾼다

마지막 불꽃

내 어머니 탯줄 달고
고고의 소리 지르며 세상 나와
긴 여정 순례의 길
은총의 손길 따라 먼길
예까지 숨차게 달려왔다

암울하고 굴곡진 세월
활화산처럼 타던 혼불
이제 마지막 불꽃 서서히 식어
까맣게 재로 사위어 가는
희미한 불씨 달래며

가야 할 길 가뭇 아슴하나
한 뼘 남은 찬연한 석양에
누군가의 심비에 꽂힐
가슴 뭉클한 수필 한 편
청아한 시 한 수 이 절절함 어쩌랴

허수아비

다 안다 하늘도 땅도
피도 눈물도 없는 뼈대뿐인
족속인 것을

철 지난 빛바랜
누더기 단벌 가난뱅이인 것도
다 안다

험상궂은
얼굴에 관절도 없이
찢어진 밀짚모자 꾹 눌러쓰고

외발 몸뚱에
나무 십자가뿐인 것을
새들도 다 알고 헤죽 웃고 간다

너만 너를 모르고
바람도 없이 건들건들
혼도 없이 흔들고 서 있다

사람 사는 세상에도
네 친구들이
더러는 거들먹거리고 서 있다

한평생 사노라면

맑은 하늘에 먹구름 몰려오더니
천둥번개 소낙비 억수로 퍼붓고
칼바람 불더니 눈보라 흩날리고
함박눈 천지에 소복이 쌓이더라

그래도 견디어 한평생 사노라면
먹구름도 걷히고 바람도 잠들고
눈발도 그치고 큰비도 멈추더니
반짝 햇살 뜨고 꽃길도 있더니라

그러다 높고 파란 하늘이 열리고
종달이도 공중 높이 떠 노래하고
하얀 달빛 훙건히 내리면 긴긴밤
그리움 포근히 행복도 오더니라

쑥부쟁이 · 2

소소리바람 불어
출렁이는 세상이
짓밟고 짓이겨 까무러쳐
피 삼킨 통곡으로
선혈이 낭자해도

툭툭 털고 일어나
천근만근 오뇌로
흰 연보라 흐드러지게 꽃 피워
천지에 진한 향기 토하는
질긴 들꽃 쑥부쟁이!

야!~ 이 놈 봐라
그 모질고 억센 목숨 혹여
전생이 어느 넋의 환생인지
나는 예서 너의 그 깊은 심지
닮고 싶어 몰래 보고 있노라

혼자 떠나는 여행

난생 처음 혼자 떠나는 멀고먼 여행!
어느 훗날 순명이 정한 그날이 오면
미련없이 다 내려놓고 떠나야 한다

홀연히 가야할 영겁의 본향
갔다가 아무도 돌아오지 않은 그곳
지구본(地球本)에도 없는 멀고 먼나라

표표히 떠날 내 뒷모습은 아름다울지
때묻고 구겨진 이 초라한 가슴으로
엄위하신 주님 앞에 어찌 설까

밤은 깊어 삼경(三更)으로 가는데
갈대의 사색으로 풍랑 일렁여
사슬잠에 번뇌의 꿈 홍건히 적신다

누가 그리 하나

동녘에 억겁의 불덩이 태양을 밀어 올려
천지가 광휘에 눈부시게 빛나고
서녘엔 낙조로 붉고 찬란한 노을을 태우고
휘영청 달과 별을 쏟아 칠흑 어둠을 사르고

공중엔 나는 새들과 일곱 빛 무지개를
땅에는 기는 온갖 짐승과 나무와 풀들을
바다에는 산호와 진주 억만 물고기를
넉넉히 숨쉬고 번식하며 자라게 하고

쉬지 않고 춘하추동 고르게 바꾸며
녹음 지어 꽃 피우고 열매 익혀 먹이고
낙엽과 백설로 온 누리 덮어
조용히 봄을 잉태케 하는 신비의 조화

필경 우주 세상사 창조주의 거동인 것을
하물며 우리 또한 한 번 왔다감도 정해진 것*
보내고 부르심도 그분 섭리이거늘
누가 그리하나 모른다 끝내 모른다 하는가

* 성경: 히브리서 9:27

무심한 세월아!

세월아
가려거든
너만 홀로 가거라

너만 가기
외롭거든
바람 불러 함께 가라

세월아!
이젠 제발
쉬엄쉬엄 흐르거라

늙기도
서럽거든
너마저 성화로고

무심한
세월은
함께 가자 몽니하나

그 실은
내가 먼저 가는 것을
나인들 어찌하랴

6

봄꿈

회심

첫닭이 홰를 크게 치고
목놓아 길게 울어 댄다 문득
굽이굽이 휘돌아 온 아스라한 여정
오롯이 하늘의 눈물겨운 은총에 감읍

풍진세상 끝내 살려 고르게 숨쉬고
울적할 때 목청껏 노래 부르고
혼을 쏟아 시도 수필도 쓰고 있는 것
이 또한 기막힌 하늘의 축복이려니

내 나이 산수의 봉을 넘어
명부의 문턱에 턱 걸터앉았으니
큰병 하나쯤은 지니고 살아도
그리 억울할 건 없지 않은가

내 생 이쯤에서 안으로 안으로만
아프고 아리게 채찍질하여
멧새가 놀다 날아간 나뭇가지처럼
적막의 여운에 살고픈 이 타는 목마름

숙명이 정한 남은 날이
하~ 그리도 무척이나 짧겠거니
회심의 눈물 흥건히 적셔
맑고 정갈한 영혼 되길 호수만 하옵니다

열녀 공덕비!

노송 푸른 숲 솔바람 불어
솔향 그윽한 토끼 재 산모롱이 언덕
고독의 긴 세월 유택수문장
내 외할머니 열녀 공덕비!

쑥부쟁이 흐드러지게 꽃 피워
진한 향기 토해내고
멧새들 우짖고 장끼 까투리 노닐며
종달이도 파란 하늘 목놓아 노래하고

비문 앞 소슬히 지나는 길손
숙연히 옷깃 여며 멈춰 서면
화들짝 놀란 다람쥐 도토리 한입 물고
댁은 뉘시오~ 긴 꼬리 흔들어 안부 묻네

참새 떼들

가을걷이 끝난 빈 들녘
남루의 허수아비 혼자
바람에 거들먹거리고 서 있다

그 작은 눈으로
힐끗힐끗 참새 떼들
뭐라고 뭐라고 재잘거린다

그냥 놔두니까
더 크게 헤죽헤죽 웃어대며
다 안다고 쫑알쫑알거린다

그래도 허수네 아비는
눈치도 못 채고 흔들고 서 있다
그냥그냥 놔둬 버렸다

이보소 벗님네들!

이보소 벗님네들!
어딜 그리
숨 할딱이며 바삐 가오

쉬엄쉬엄
놀멍 쉬멍 간다 해도
그렁저렁 그날이 올 것을

그러다가 그러다가
지쳐 영영 누울 날을
어찌 그리도 모른단가

그리 서둘지 않아도
때 되면 까만 밤이 오고
날이 차면 다 내려 놀 것을

어머님 추도일(追悼日)

함박눈 펑펑 내리던 날 떠나가신 어머님!
오늘도 바람 불고 눈발 날려 따뜻하게 불 지펴
놓았습니다 고기국도 끓여 놓고 검정 쥐눈이콩
듬성듬성 넣어 밥도 넉넉히 지어 놓았습니다

떠나실 때 두고 가신 어머님 고운 손때 묻은
성경책 챙겨 잘 보이는 곳에 펼쳐 놓았습니다
가신 뒤 이곳으로 이사와 행여 찾지 못하실까봐
외등 켜고 현관문 비스듬히 열어 놓았습니다

행길 지나는 바람 발자국 소리에도 귀 쫑긋하고
버선발로 뛰어 나가 맞으러 서 있습니다
사무치게 그리워지는 이 밤 내 등에 다 질수 없을
한 짐 불효만 새록새록 생각나 가슴 아립니다

흔히들 가는 외국여행 한 번 보내 드리지 못한
맺힌 한 심금 후벼 하염없이 저미는 이 밤
오늘 종아리 걷어 회초리 흠씬 맞고 소리 내
엉엉 울고 싶습니다 이 산수의 아들이

여보게 친구!

여보게 친구!
홍매화 벙근 여주로
꽃구경 가보세

봄 햇살 고운
이 좋은 날 강물 따라
옛 얘기 해보세

우리 가며 오며
질곡의 세월 건너 온
회포 풀어 보세

길섶 흐드러진
영산홍 꽃향에 우리
흠뻑 취해 보세

하늘엔 종달이
들엔 뜸부기 장단에
얼쑤 춤춰 보세

못 견디게 그리운 날은

견디기 어려운 고독에 휘감겨
한없는 그리움에 울고 싶은 날

그토록 못 견디게 그리운 날은
저 멀리 높고 파란 하늘을 보자

그래도 그리움 파도로 밀려오면
동녘 솟아 오는 붉은 해를 보자

하 그리도 고요로 잠들지 않거든
밤하늘 반짝이는 별을 헤어 보자

죽을 만큼 사무치게 그리운 날엔
서산에 지는 진홍의 노을을 보자

그래도 고독이 적막을 휘젓거든
기도로 사노라면 잊힐 날 있으리

구절초(九節草)

길섶 논밭 둑에 여린 뿌리 깊이 묻고
가냘픈 긴 목 하늘 향해 하늘거리며
벙그레 피어나는 새 하얀 꽃 구절초

인동의 시린 추위 견뎌 이겨
저 혼자 지천에 흐드러지게 꽃 피워
향기 토해 벌나비 불러 꽃 잔치 연다

하늘은 맑고 너무 푸르러 눈부신데
안단테 칸타빌레 벙그는 꽃 구절초
꽃피면 가을 오고 꽃 지면 가을 가네

꽃 중에 예쁘지 않은 꽃 어디 있으랴만
흰 꽃잎 신선보다 더 고와 선모초라네
꽃말 또한 순수 어머니의 사랑이라네

봄꿈

찬바람 불고 첫눈 내리는 깊은 밤
광화문 지하도 냉 바닥 후비진 곳
굴뚝도 대문도 없는 외로운 적막

때 절은 종이박스 깔고 덮은 움막
빈 소주병 두 개 벗어 논 신발 나란히
무욕의 노숙자 따스한 봄꿈을 꾼다

남은 긴 삼동을 어찌 넘을까
하나님 기도하오니 불쌍한 영혼
이 겨울 거뜬히 건너게만 하옵소서

꽃피고 새들 노래하는 봄날이 오면
가고픈 고향 돌아가 밭 갈고 씨 뿌려
처자와 함께 오손도손 살으렵니다

죄송합니다

정말 정말 죄송합니다
너무 오래 살고 있어 죄송합니다
허나 전적으로 내 몫만 아닙니다

나에 심장에 숨결을 주신
그분께서 조금 더 거기 머물며
무언가 남기고 오너라 하십니다

머리 열고* 가슴 열어*
사선을 넘나들며 지칠 때도
내 손 꼭 잡아 일으켜 세워 주시고

위태위태 순간마다
큰 바위 뒤에 숨기시고 지키시며
아직 할 일이 있다 살려 주셨기에

하도나 감읍하여
꿈길에도 문득문득 놀라 잠깨면
지엄하신 분부에 오금 저립니다

*머리 열고: 7센티 뇌종양 제거 수술
*가슴 열어: 좌측 폐암 절개 수술

꿈마다

어릴 적 고향집 옹달샘 물 솟아나고
휘감아 흐르는 개울에 송사리 잡고
빨간 고추잠자리 손가락 사이사이
끼고 나는 무지무지 좋아라 했다

벼이삭 여물 무렵 대청마루 기둥 줄
흔들면 새떼 화들짝 놀라 날아갔고
메뚜기 강아지풀에 줄줄이 꿰었다

여름 방학엔 십리 길 외가 친구들과
둑방 툼벙 멱감고 뽕나무 까만 오디
따 먹던 추억들 아슴아슴 피어온다

휘영청 달밤 마당 멍석 애기꽃 피고
섬돌밑 귀뚜리 논둑 따오기 시방도
구슬피 울고 있는지 밤이면 꿈마다
유년의 뒤란 서성이다 되돌아온다

산까마귀

산 까마귀
깍 깍 깍~
저리 목놓아 우는 사연은

진정 진정
배고파 못 견뎌 우는 것
아니랍니다

더 더욱
해 저물어 머리 둘 둥지 없어 우는 것도
아니랍니다

산 까마귀
깍 깍 깍~
저리도 슬피 우는 까닭은

잃어버린
님 하도 나 그립고 참을 수 없이 보고픈
통곡이랍니다

7

고바우 영감

덤으로 주신 목숨

덤으로 주신
목숨
주님은
나에게

가고플 때 휘적휘적 걷게 하시고
울적할 때 노래하게 하시며
고요할 때 시도 쓰게 하시고
감읍할 때 기도하게 하시니

이 축복 어찌 사람 되어 잊을 수가
평생 갚아도 갚지 못할 이 은혜
나는야 영원한 사랑의 빚꾸러기
남은 날이 너무 짧아 어이할 거나

절창

누군가는 시가 이리도 쉬울 수 없다 뇌었으나
가슴 시린 짜릿한 영감을 심기는 늘
아득하기만 하여 통곡의 벽 앞에 타는 목마름

남은 날은 짧아만 가는데 붉은 노을 시로 살기를
삶의 흔적 그림자가
생의 얼룩 깊고 그윽한 시가 되기를

성난 파도 홍해* 갈라 맨발로 건넨 이스라엘 민족
모세에게 주신 하나님의 지팡이를
아론의 싹 난 지팡이* 주시기만 하오시면

이 풍진세상 건너며 마음 휘젓는 회심의 시
농익은 만고의 절창
용암의 분출로 이 밤도 단잠은 또 설치나 봅니다

* 홍해(紅海): 출애굽기 14:21
* 아론의 싹 난 지팡이: 민수기 17:8

바람 세례

1988년 5월 24일 방송위원회 회의가 있던 날!
시인 김남조(金南祚) 위원께서 『바람세례』 시집에
'吳星鍵先生 惠存 金南祚'라 친필 후 건네주며

"오늘 발간된 저의 시집입니다" 조용한 음성이
내 귀때기에 지금도 시퍼렇게 묻어 있다

사랑하던 이를
먼저 하늘나라 떠나보내고
슬픔에 잠겨 절필 후 다시 「바람세례」
새 시집을 내면서
"밤이 깊어도 돌아오지 않는 사람!
첫 권을 봄볕 속 고인의 쉼터에 갖다 놓으렵니다"

"하늘
슬퍼하는 자는 복이 있나니 날마다 슬퍼함으로 슬픔에
배부를 것이요 다른 굶주림은 모두 잊으리라
사랑하는 자는 복이 있나니 저들도 끝을 알 것이요
끝에선 하나가 먼저 떠나리로다 이날에 하늘을 보리니
수식어는 모두 죽고 다만 하늘이라"

꽃피는 봄도 무서리 낙엽도 서른 번
참으로 암담한 가버린 세월!
종착역 가까이 와 종말에 연민 짙어져
수많은 날을 「바람세례」 시향에 흠뻑 젖어
이 밤도 불면의 밤이 슬금슬금 나를 옥죄어 온다

고바우 영감

- 고(故) 김성환 화백을 기리며 -

1995년 꽃피는 어느 봄날!
고바우 영감님과 방송위 최연우 대변인 그리고 나
광화문 조용한 음식점에서 점심을 하며 파안대소했다
천진난만 순진무구 남다른 위트와 유머 감각에
노상 얼굴엔 웃음빛이다

그날 친히 나에게 건네준 만화 「공산명월」과
「검정 황소를 탄 통소 부는 고바우 영감」은 지금도
애간장 울리는 퉁소 소리와 함께 암울한 어두운 세상을
밝게 비추고 있다

1958년 1월23일자 동아일보에 게재된
경무대(현 청와대)의 변소 청소 똥지게 진 인부 만화!

앗! 저기 온다/ 귀하신 몸 행차 하시나이까?/
(똥지게 지고 거들먹거리며 가는 사람에게 똥지게 진 두 사람이
걸음을 멈추고 머리가 땅에 닿게 허리 굽혀 절을 한다)
저 어른이 누구신가요?/(고바우 영감이 조용히 묻는다)
쉬~/ 경무대에서 똥치는 분이요/

쉬지 않고 세월은 흘러 2019년 9월 8일 고바우 영감님이 87세로 속세의 끈을 사르르 내려놓았다 내 서재에 걸린 공산명월은 고바우 영감 퉁소 소리와 함께 바람 불어 요동치는 어두운 세상을 휘영청 만월로 오래오래 억겁의 세월을 비추고 있으리라

대여(大餘) 김춘수 시인을 생각하며!

1986년 병인년(丙寅年) 어느 눈부신 봄날!
두터운 진홍빛 안경테에 호리호리 초로의
영국 신사 진한 눈썹에 웃음 띤 동안의 꽃 시인
김춘수 님과의 첫 만남

그로부터 3년의 세월!
일상의 업무와 보필을 위해 조석간 조우로 깊은
시정에 젖었고 감흥을 울리는 시작(詩作)
사사 중 내 안의 초라한 시심의 작은 겨자씨
한 알 헤집고 찾아내 가녀린 심지에 불 붙여 주었다

1986년 7월 30일 김춘수 시전집(金春洙詩全集)
서문당 인쇄소 초판 발행 되던 날 나의 이름을
쓰고 '소납(笑納) 병인 하(丙寅 夏) 저자(著者)'라
친필 자서 후 건네주며 읽어 보라시던 그 음성
아직 내 귀에 시퍼렇게 묻어 있다

또 어느 해 여름 날 "오 국장~" 부르시더니 한지에
붓으로 정성 다해 친필로 쓴 대표작 「꽃」 시문을
붉은 낙관을 찍어 고이 접어주시어 예쁘게 표구

지금은 미국 딸네 집 거실에 걸려 진한 향기
스멀스멀 토하고 있다

꽃
내가 그의 이름을 불러 주기 전에는/
그는 다만/ 하나의 몸짓에 지나지 않았다/
내가 그의 이름을 불러 주었을 때/ 그는
나에게로 와서/ 꽃이 되었다/ ~중략~
잊히지 않는/ 하나의 눈짓이 되고 싶다

그 님은 1922년 11월 25일 경남 통영에서 태어나
2004년 11월 29일 82세로 이생의 끈을 놓았다
나는 오늘도 시 전집을 그윽한 눈빛으로 읽는다
잠자던 시흥이 출렁이고 그리운 꽃물로
회상의 물안개가 몽실몽실 피어오른다

백로 한 마리

붉은 노을 갈대 숲 그림자
길게 눕는 어스름 들녘

상한 부리
날개에 깊숙이 묻고
가늘고 긴 다리
외발로 서서

내일 양식
작은 둥지 하나 없는
백로 한 마리
스산한 바람에 깃털 흩날리며

하루의 지친 날개
고이 접고
꾸벅꾸벅 졸다 꿈을 꾼다
바람만 그 꿈을 알고 해죽 웃고 간다

자취(自炊)

1956년 고 2학년 때
이동석 김한수 나 셋이서 자취를 했다
하루씩 돌아가며 당번은 밥하고 설거지까지
된장국 하나면 진수성찬 꿀맛이다

당번 날은 자기 밥을 꾹꾹 눌러 푸고 누룽지도
자기 몫이다 그날은 배부르게 먹는 날이다
주인집 아주머니는 나를 풍년이라 불렀다
내 웃음소리가 풍성하다고 별칭 지었다

그때의 청운의 꿈을 꾸며 밤늦도록
머리띠 매고 공부했던 우리들 셋
질곡의 세월 산수까지 함께 건너온
긴긴 회포를 오늘 새록새록 풀어 본다

한 평생

세상사 인걸들
한 평생 산다는 게
가뭇없는 그리움에 애틋한 한 마당
꿈이라 하더이만

우리내 이 풍진 인간사
높새바람 휘몰아와 애간장 후비고
가슴 저미는 긴긴 밤을
뉘라 어찌 알리야

그래도 견디어 사노라면
눈부신 하늘 광휘로 중모리 장단에
신명난 휘모리 열두 발 상모 도는
꿈같은 잔칫날도 더러는 있었느니

그란디도
우리사 행여 달디단 그 꿈
깰세라 팔베개에 단잠 못 이루고
못내 저어 한 날도 또한 있었느니라

사랑하는 딸아!

사랑하는 딸아!
너를 생각하면
내 마음 온통 꽃피는 봄날이다
종달이 노래하는 파란 하늘이다

그립고 보고파
태평양 은빛파도 흰구름 타면
내 마음은 이내 번쩍 힘이 솟고
하늘도 열려 향그런 꽃밭이 된다

밤마다 내 꿈은 보헤미안
귀뚜리 울음에도 그리 수줍은
네가 없었다면 어쨌을까 싶어
너희들 이름 부르며 기도드린다

사랑하는 아들들아!

사랑하는 아들들아!
오늘도 너희들 있어
내 마음 온통 높고 파란 하늘이다
동녘 떠오르는 눈부신 햇살이다

바람 불고 황량한 세상
늘 푸른 여름 산허리 되어
성난 파도 헤쳐 넘는 담대함이여
너희 밟는 땅 억겁의 가나안 복지

기도의 기름 마르지 않고
비우면 채우시는 신의 응답
너희 평생 들어부어 넘쳐나리니
신앙 명가 강물로 대대 흐르거라

시로 쓰는 자화상

언제 어디쯤에서
내 숨결 거두실지
나는 도무지 모릅니다

그때를 모르기에
운명이라고
이리도 다행일 수가

오직 한 분
숨결 주신 그분만
알고 있습니다

순례자로 오늘을
감사하고
내일은 그분의 시간

그날을 향해 숙명의
석양길을 긴 그림자 앞세우고
휘적휘적 가고 있습니다

자화상(自畵像) · 3

- 80년 세월 -

일제 강점기에 태어나
해방의 기쁨도 맛보았다
6.25 전쟁과 분단의 아픔과
넘기 힘들었던 높은 보릿고개도 넘었다
5.16 군사 정변과
거센 민주화 격랑 속에
심고 거두면서 인생의 강을 용케도 건너
휘적휘적 숨 가쁘게 예까지 왔다

문득!
산수(傘壽)*의 날을 맞음에
곱고 꿈 많던 청춘은 간데없고
인종의 덕과 모진 세월의 흔적으로
어진 인간만 남았으면 얼마나 좋으련만
아직도 비우지 못한 몰골로
그 무엇들이 덕지덕지 붙은
늙고 초라한 못난 나외다

*산수(傘壽):팔십 세, 팔순

샌디에고 한인연합감리교회 창립 40주년 축시

- 하나님께 큰 영광 있으라! -

1978년 4월 30일
엑소더스! 고국을 떠나 샌디에고에 닻을 내린 생명의 말씀에 목말랐던 하늘소망 같이 한 이민가족 신앙 동지 일곱 가정이 찬란한 비상의 날개 활짝 펴고 초대 박진성 목사님과 함께 눈물이 기도로 창립예배 드렸다.

디아스포라! 밤낮 뜨거운 기도가 하늘 보좌에 오르고 기도의 눈물이 강물 되어 태평양 바다로 굽이쳐 흘렀다. 사르밧 과부의 두렙돈 봉헌이 베드로의 반석 되고 주님이 "누가 나를 위해 갈꼬" 하실 때 "예 내가 여기 있나이다 나를 보내 주소서" 서로 앞장섰다.

외롭고 가난한 과부도 새벽이슬 같은 청년들도 몰려왔다. 자녀들은 예언하고 젊은이들은 환상을 보았고 늙은이들은 꿈을 꾸었다. 오병이어의 기적도 보았다. 성도들은 바디메오의 믿음 갖고 모세의 손 잡아준 아론과 훌 되어 지친 종의 손 붙들어 주었다.

브리스 길라와 아굴라처럼 주님 위해 귀한 것 다 내놓았고 주님의 발에 향유 붓던 마리아의 헌신과 충성 그리고 사르밧 과부의 마지막 양식까지 드림같이 주가 쓰시겠다 하시니 나귀를 풀어 주던 벳바게의 선한 나귀주인 심정으로 성전 건축 위해 아낌없이 드렸다.

강단에는 불같은 생명의 말씀이 쉼 없이 선포 되었고 영혼이 목마르고 삶에 지친 성도들은 모이기를 힘써 베뢰아 사람들처럼 간절한 마음으로 말씀 받았고 날마다 갑절로 부으시는 은혜의 역사가, 들불처럼 번지는 보혜사 성령의 역사가 헐몬산의 이슬처럼 무시로 촉촉이 내리셨다.

기도의 등불에 성령의 기름 마르지 않았고 샤론의 수선화와 골짜기의 백합화가 마흔 번 피고 스러질 때 낮에 구름기둥 밤엔 불기둥으로 주님 친히 인도하셨고 햇빛과 훈풍 이른 비와 늦은 비로 목양의 뜰 적셔주시니 옥토에 뿌려진 씨앗들이 싹터 꽃피고 열매로 풍성히 열렸다.

쭉정이는 없고 튼실한 알곡들로 하늘 곳간에 들여져 이제는 가히 큰 무리와 양떼를 이루었으니 아~ 진실로 에벤에셀이여! 아~ 진실로 임마누엘이여~ 아~ 진실로 여호와이레여!

그때 지엄하신 하나님의 음성이 들렸느니라 "땅 끝까지 내 증인 되어라" "네가 죽도록 충성하라" "성령에 사로잡

힌 교회 되거라" "주님의 영성으로 성숙한 교회 되거라" 그리고 "처음 충성과 첫사랑 결코 잊어서는 안 되느니라"

샌디에고 한인연합감리교회 축복받은 성도들이여! 이제 눈을 들어 저 높고 파란 하늘을 보라 노아에게 보여준 일곱 빛깔 언약의 무지개를 보리라 엘리야에게 보여준 손바닥만한 구름 보리라 실로 크고 비밀한 여호와의 응답 있으리라.

샌디에고 한인연합감리교회 구원받은 성도들이여! 이제 대대손손 자손만대 더 많은 축복 있으리라.
앞서 땀 흘려 외치는 이성현 목자와 함께 한 번 더 50년의 희년을 향해 아니 천년을 향해 성령의 횃불되어 어두운 세상 땅끝까지 오래오래 비추거라.
할렐루야 아멘.

송정교회 창립 50주년 축시(祝詩)

- 송정교회여! 희년의 영광 있으라! -

축 송정교회여!
희년의 영광 있으라!
소나무와 정자가 있는 척박한 허허벌판에
찬란한 비상의 날개 편 송정교회!

비바람 눈보라 폭풍우 제아무리 불어와도
휘어질지라도 꺾이지 않는 늘 푸른 소나무처럼
천지의 주재이신 여호와 은총의 세월 반백 년!

1966년 2월 20일! 아직 찬바람 불던 우수 다음날
착하고 가난한 영혼이 목말랐던 고만고만한 사람들
열두 명이 움막에 무릎 꿇고 눈물의 기도로
첫 예배 드렸다

기도의 눈물이 강물 되어 고을고을 면면히 흐르고
가난한 과부의 두렙돈 봉헌이 베드로의 반석 되고
"누가 나를 위하여 갈꼬" 하실 때
"예 내가 여기 있나이다"

샤론의 수선화와 골짜기의 백합화가 쉰 번 피고 스러졌다

낮에는 구름기둥 밤에는 불기둥으로 주님 인도하셨고
햇빛과 훈풍, 이른 비와 늦은 비로 목양의 뜰 적셔 주시니

옥토에 뿌려진 씨앗들이 싹터 꽃이 피고 열매로 열렸다
쭉정이는 없고 튼실한 알곡들로 하늘 곳간에 들여져
큰 무리와 양떼를 이루었으니 아~아~아~

진실로 에벤에셀이여!
진실로 임마누엘이여!
진실로 여호와닛시여!

강단에 생명과 능력의 말씀이 선포되었다
기도의 등불에 성령의 기름이 마르지 않았다
뭇 영혼 목말라 갈한 목 축이려 성전으로 모여왔다

사르밧 과부도 새벽이슬 같은 젊은이들도 그때
자녀들은 예언하고 젊은이들은 환상을 보았고
늙은이들은 꿈을 꾸었다
오병이어의 기적도 보았다

그리고 하나님의 지엄하신 음성이 들렸느니라
"벧엘로 올라가라!"
"니느웨로 가라"
지체 말고 서둘러 올라가라, 어서가라, 송정교회여!

구원의 기쁨과 감사와 열정이 넘치는 예배 공동체로!
생명 구원의 역사를 위해 몸부림치는 증인 공동체로!
처음 믿음과 사랑이 삶으로 일치하는 제자 공동체로!

세상을 향해 사랑 나누기 위해 성령과 함께 가거라
열방을 향해 선교의 깃발 높이높이 흔들거라
죽어 가는 영혼 구하기 위해 땅끝까지 어서 가거라

송정교회여! 이젠 더 많은 하늘의 축복 있으리라
실로 크고 비밀한 여호와이레 응답 있으리라
하늘의 별과같이 바다의 모래같이 번성하고 왕성하리라

앞서 땀 흘려 외치는 권혁성 목자와 함께
한 번 더 백년의 희년을 향해
힘차게 기지개를 펴고 희년으로 불끈 일어서거라
이제 하늘을 보라 노아에게 주신
언약의 무지개를 보리라

송정교회여! 백년의 무궁한 영광이 있으리라!
하늘에서도 땅에서도 세세무궁토록 영광 있으리라!
21세기 찬란한 부흥의 영광이 영원무궁토록 있으리라!

서평

삶과 신앙을 아우른 통찰의 시문학

- 오성건 시집 『한 세상 사노라면』을 읽으며

이명재
(문학평론가·중앙대명예교수)

정말 모처럼 펴내는 오성건의 『한 세상 사노라면』 출간을 진심으로 축하한다. 남들은 문단에서 붓을 던질 무렵에 첫 시집을 선보이다니 감격스럽다. 오성건 사백과 필자는 우연치 않게 같은 대학캠퍼스에서 1년 터울 법정대 학생으로 지낸 인연이라서 더욱 그렇다. 동료 문우로서 환호성으로라도 격려할 마음을 추스르며 나름대로의 소감을 적어본다. 가난 속에서도 꾸준히 노력하며 따스한 인정과 경건한 믿음으로 성실하게 살아온 오성건 시인. 그에게는 평론가라기보다는 같은 연배의 문학 동지로서 시인의 작품들을 그 삶에 연관 지으며 독자들과 함께 대화해 본다. 글(문장)은 곧 사람과 일치한다는 뷔퐁의 지론에서처럼 동서양을 막론하고 작품은 문인의 삶과 밀접하기 때문이다. 간단한 프로필을 곁들여 오성건 시문학 세계의 원형질을 살펴본다.

시인 오성건(吳星鍵)은 1939년에 산 좋고 물 맑은 농촌에서 칠남매 중 장남으로 태어나 청년기에 상경한 후

1958년 학번으로 대학에 입학하여 경인지역에서 통학하며 힘들게 중앙대 법학과, 연세대대학원 언론홍보학과를 졸업했다. 장년기와 중년기 삼십여 년을 언론방송 분야에 종사하며 방송위원회의 감사실장과 방송심의실장 등을 역임하였다. 너무 업무에 열중한 나머지 두 번이나 위중한 암수술을 받는 시련도 겪었다. 그런 틈틈이 그는 1980년대 중반에 수년 동안 김춘수(金春洙) 대시인에게서 지도받아 시문학을 깊이 익혔다. 그러고도 회갑을 지나고 정년을 맞은 이후 스스로 글쓰기 습작을 거듭한 다음에 2016년에야 시림에 등림하였다. 30여 년을 습작하고 고희(古稀)를 다섯 해나 넘겨서 대기만성 했다할까. 그러기에 여든 고개의 나이테를 그려온 늦깎이 시인의 첫 시집은 남다르다.

첫 시집으로 선보인 시편들에 드러난 오성건 시문학 세계는 다음과 같은 너덧 가지의 특성으로 드러난다. 더러는 중첩되는 대로 주제와 제재별로는 삶과 죽음의 경계의식, 기독교적인 신앙, 서정적 관조와 통찰. 그밖에 기법적인 면의 다양한 모색으로 파악된다. 여기에다 오성건 시인의 시에 짙게 흐르는 옛 그리운 향수적 테마나 시적인 표현상의 특성에 독자들 견해로 환상적인 화음을 더하면 무난하리라고 여겨진다. 지금까지 쓰인 나머지 작품들이나 앞으로 발표될 시편의 변모도 위의 틀을 기존으로 삼아 접근하면 이해하기 좋을 것 같다.

삶과 죽음의 경계의식

시인 오성건의 시문학의 첫째 특성으로는 이 세상에서 열심히 살아온 자신이 겪고 늘그막에 이른 처지를 진솔하게 드러낸다는 점이다. 아주 늦깎이로 등단하며 쓴 시편들인지라 삶과 죽음의 경계의식에서 호흡하는 자태를 자주 보인다. 그럼에도 젊은 시절 같지 않은 안타까움을 그릴 뿐 결코 노여워하거나 탄식하지 않는 의연함을 지닌다. 우리 고전 시조 등에서 흔하게 보던 노여움이나 슬픔을 띠던 노탄시(老嘆詩)들과는 차원을 달리한다.

다음 같은 「자화상·2」에서는 평생을 지치도록 열심히 일하다가 황혼길에 이른 자신의 모습을 제삼자의 시선으로 리얼하게 서정적으로 묘파해서 흥미롭다. 해 저물녘 찬바람 속에 백발 날리며 굽은 잔등에다 무거운 짐 지고 숨 가쁘게 발걸음을 옮기는 나그네의 자태가 선하다.

여보시오
저기 가는
저 나그네

등 굽은 잔등에 힘겹게 한 짐 지고
듬성듬성 은발 삭풍에 흩날리며
고달픈 그림자 앞세운 먼 황혼길
무슨 사연 하, 그리도 깊고 깊어
침몰하는 낙조 속으로 숨 가쁘게
저리도 휘적휘적 어디를 가는가

세월 다 해 문득 이승의 마지막 날
다 내려놓고 빈손으로 가는 것을
석양 길 저 길손 어찌 그걸 모를까.
-「자화상(自畵像)·2」 전문

특히 회갑 전후에는 직무의 과로로 인해서 위중한 암 수술을 두 번이나 받고 죽음의 고비를 넘겨 살아난 고마움이 여러 군데 시 작품에 나타난다. 시편 「은총 이옵니다」에는 제목 이상으로 생사를 넘나드는 간절함이 깊숙이 스며 있다. 생명의 존엄과 그에 관한 고마움이 함께 담아 있다.

할딱이며 동가숙 서가식 오갔더니만
언젠가 살며시 숨어들어 자란 암 덩어리
죽음의 덫이 나의 생명 노리고
죽음의 밧줄이 나의 목 졸라 맬 때
삭발 후 전신마취 머리 열고 또 가슴 열고
새벽별 보고 땅거미 질 때까지 뚝 잘라내기 두 번,

삶과 죽음, 이승과 저승 오락가락
하온데
불구하고 실날 같은 이 생명줄 끝내 놓지 않으심은
오롯이 하늘의 섭리인 것을
-「은총 이옵니다」 중에서

이어서 「아, 여든 고개」에서는 팔십부터는 무리한 활동을 삼가겠다고 스스로 추스른다.

시위 떠난 화살같이 달 가고 해 가더니…/ 갈대숲 높새바람 서걱이며 스쳐가고/ 야트막한 하늘아래 지치도록 걸어온 길/ 이제 해질녘 싸리문 살포시 닫아야겠네.

그러고는 그동안 팔십 넘도록 올곧게 열심히 살아온 사회생활을 되돌아보며 잠자리에 들어서도 언젠가는 먼 나라로 홀로 떠날 생각에 잠긴다. 그만큼 평소 심각한 건강 탓에 죽음에 민감했던 오성건의 시에는 남다른 경건성과 긴장이 서려있는 것이다.

(첫 연 생략)
홀연히 가야할 영겁의 본향/ 갔다가 아무도 돌아오지 않은 그곳/ 지구본에도 없는 멀고 먼 나라
(셋째 연 생략)
밤은 깊어 삼경(三更)으로 가는데/ 갈대의 사색으로 풍랑 일렁여/ 사슬 잠에 번뇌의 꿈 흥건히 적신다.
-「혼자 떠나는 여행」 중에서

기독교적인 상상력과 신앙

오성건 시문학의 다음 특성으로는 위의 시편들에서 엿보이듯 독실한 크리스천답게 모태신앙을 지닌 모범적인 기독교 시세계라는 점이다. 그럼에도 평소 벗들과의 만남에서는 표 내지 않고 자연스럽게 어울려서 좋다. 영예로운 장로로서 식사 기도의 예절 정도를 스스로 갖추되 결코 남에게 강요하거나 피하질 않는다. 그러기에 이번 평설을 위해 확인한 바로는 오성건 시인은 기독교의 부모님에게서 태어났다. 모태신앙인 오성건 시인은 유치

원시절의 어린이 찬양대원부터 지금까지도 한울장로성가단원, 연세대장로중창단원으로 봉사하며 여러 교회 중직을 거쳐 현재 청아한 원로장로로 활동 중이다.

따라서 오성건 시인의 문학 역시 누구보다 짙은 기독교적인 요소가 주류를 이루고 있다. 사람에게 가장 소중한 영혼마저 주 하나님께 맡긴다는 「소원」부터가 그렇다.

어느 먼 훗날,
삶과 죽음이 만나는 날,
당신의 놀라운 사랑을 믿기에 기도하옵느니

주께 맡기나이다
나의 영혼을
받아 주소서

이 한마디가
내 생애
마지막 말로 멋게
하옵소서

주님.
-「소원」 전문

「긍휼」 또한 두 번이나 중병 수술을 받고 목숨을 건진 주님께 감사하는 내용이다. 삶의 근원인 생명에 대한 외경사상과 은혜로운 마음이 가득하다.

몹쓸 암덩이/ 폐 반쪽 싹둑/ 잘라 장례 지냈다 - 1연.
하온데/ 지금도 쿵덕쿵 쿵덕쿵/ 촌음도 쉬지 않고 여일함은 - 3연.
태산 같은 사랑의 간증이요- 4연.
…크게 긍휼을 베푸신 / 은총이어라 - 5연.
-「긍휼」 중에서.

「시(詩)로 쓰는 자화상에서도 시인은 읊고 있다. 생명마저 주님께 의탁하고 있음을 보여준다.

언제 어디쯤에서/ 내 숨결 거두실지 나는/ 도무지 모릅니다/ - 1연./ 오직 한 분/ 숨결 주신 그분만/ 알고 있습니다/ - 3연./ 그날을 향해 숙명의/ 석양 길을 긴 그림자 앞세우고/ 휘적휘적 가고 있습니다./-5연.

오성건 시인은 미리 순서를 마련하듯 「여보시게!」에서 기독교적인 인생의 아름다운 마무리를 위한 마음을 적어내고 있다. 자신의 등단작 3편 가운데 하나인 시편이다.

어느 여름날
나 찾다가

새벽마다 기도하던
성전 맨 앞 빈자리에

내 손때 묻은 성경만
펴 있거든

가브리엘 천사
손잡고
좋아라 더덩실 춤추며

하늘나라
백합꽃
구경 간 줄 아시게.
-「여보시게!」 전문

이밖에도 오성건 시인의 시 작품에는 기독교적인 상상력을 지닌 시편들이 적지 않다. 긴 산문 형식의 행사시들도 발견된다. 근년에 작고한 갈석 강석호 장로 추모시, 따님이 출석하는 샌디에고 한인연합 감리교회 창립 40주년 축시, 시인이 섬기는 송정교회 창립 50주년 축시 등이다.

사색적 관조와 통찰의 세계

오성건 시문학의 또 다른 특성으로는 인생과 사물에 대한 사색적 관조와 통찰력을 보인다는 점이다. 생사를 오가는 삶을 겪어온 데다 독실한 신앙인으로서의 덕목에 걸맞은 면이다. 그러기에 오성건 시인의 시 작품에는 여느 시인들에 비해서 세속적인 향락이나 사회적인 현실비판의 글이 드문지 모른다.

등단작의 하나인 「강물」에서는 사물의 속성을 꿰뚫는 사색과 지혜를 함께해 보인다.

태고의 침묵으로/ 흐르는 강물은/ 앞서거니 뒤서거니/ 다투지 않고/ 산이 막으면/ 돌아서가고/ 웅덩이를 만나면/ 거기 다 채우고/ 뒷물 기다리다 유유히 간다.

문장도 물 흐르듯 막힘없다. 물을 도(道)의 모델로 보는 노자 도덕경의 상선약수(上善若水) 지혜로써 차분한 순리와 화합적인 포용을 노래한다.

또한 「고뇌」에서는 부풀어 오른 꿈과 쓰라린 슬픔을 겪는 이들에게 인생의 교훈을 일깨워 준다. 비록 노현자(老賢者) 같은 달관의 경지는 아닐지언정 이순(耳順)을 훌쩍 지나서 80 성상을 헤아리는 삶에서 겪고 느낀 나름대로의 지혜와 충정을 전하는 것이다. 인생에선 젊은 시절 한때의 오색 꿈과 희망도 으레 위험성이 도사리고 있는지라 주의를 당부한다. 하물며 간절하게 그리던 쑥부쟁이 꽃말도 하루아침에 물안개처럼 사라질 수 있으니 실수로 한숨짓지 않도록 하자는 교훈으로 풀이된다.

눈물 없는 인생 어디 있으랴/ 저 높고 파란 하늘에도/ 먹구름 천둥번개 잠자고 있고/ 풍우대작/ 진눈깨비 눈보라도/ 한(恨)을 품고 때를 기다리고/ 어쩌다 어쩌다 일곱 색깔/ 무지개 잠깐 떴다/ 안개처럼 스러지거늘/ 하물며/ 쑥부쟁이 인생 가는 길에/ 꽃길 꽃가마도 아침 물안개이려니/ 어허 깊은 고뇌 긴 한숨/ 어찌 어찌/ 없으리오.

-「고뇌」 전문.

또한 시집의 표제 시 「한 세상 사노라면」에서는 인생 선배로서 오랜 세상살이에서 겪고 터득한 삶의 지혜를 전해 준다. 어렵고 고달픈 인생살이에 시달리는 이들을 격려, 위로하며 처세의 방법을 제시한다. 살다보면 숱한 어려움과 분하고 슬픈 일을 당하게 마련이지만 그러려니 생각하고 오래 참으며 이겨내란 것이다. 세상을 멀리 보고 법도나 섭리대로 살다보면 먼 훗날에는 그 아픔이나 상처가 도리어 빛나는 황금 보석이 된다는 가르침으로 와 닿는다. '한 세상'이란 시어도 한평생이나 함께 살아온 한스러운 인생이라는 함축미로 다가든다.

우리 한 세상
사노라면
억장(臆腸) 무너질 일 어찌 한두 번이겠는가
그래도 그러려니 사는 거다

우리 한 세상
사노라면
바람 불어 가슴 시린 날 어찌 한두 번이겠는가
그래도 그러려니 사는 거다

우리 한 세상
사노라면
죽음의 이별 슬픈 아픔이 어찌 한두 번이겠는가
그래도 그러려니 사는 거다

우리 한 세상
그리 참고 견뎌 섭리 안에 사노라면
무너지는 아픔도 슬픔도 깊은 고뇌도
어차피 한 평생 그렁저렁 흘러가고

풀잎 이슬 되는 거다
아침 안개 되는 거다
옛날 옛적 애기되는 거다
그 아픔 그 상처 황금(黃金) 진주(眞珠) 되는 거다.
-「한 세상 사노라면」 전문

막힘없는 호흡으로 이어진 이 작품은 푸시킨의 「삶이 그대를 속일지라도」와 상이하게 비교된다. 우선 푸시킨(1799~1837)의 2연 8행의 작품 길이는 그만 두고라도 황금과 진주라는 구체적 상징성 제시에서 오성건 시인과는 변별되는 때문일까. 38세를 살다간 러시아 시인과 그보다 갑절을 더한 나이테로 현역인 한국 시인과의 작품 대비는 여러모로 흥미로울 것 같다.

다양한 기법을 모색

위에서 살펴본 주제와 제재별 특성 밖에도 오성건 시문학 특성으로는 다양하게 활용하는 기법상의 실험이라는 점이다. 여기에서는 그 대강만을 참고하여 간추려보기로 한다.

먼저 짧은 시 두어 편이 경쾌하게 읽혀 인상에 남는다. 아무래도 죽을 고비를 넘기고 생활해 온 시인으로서는 평소 진중하고 금욕적인 환경에 적응해 온 나머지 다소 딱딱하다 싶은 선입견 탓일 것이다. 모두 네 개의 연에 다섯 행으로 된 「슬프게 하는 것」이 짧은 시로서 경쾌한 맛을 전해 준다. 앞으로는 평소에 허물없는 친우

들과의 대화에서처럼 타고난 유머감각을 마음껏 펴서 문학적 효율을 드높이길 바란다.

노인을
슬프게 하는 것 네 가지

빈 지갑

과거와 검버섯

외로움
-「슬프게 하는 것」 전문

하지만 멀리 미주의 샌디에고에 사는 따님에게 구구절절 가족 사랑의 사연을 담은 「편지」나 한번뿐인 「금혼식(金婚式) 날」 경우는 예외임은 물론이다. 일생을 두고 자전적 삶의 정감을 더욱 길게 토로하기에야 짧기보다 긴 사연이 간절하기 마련이다.

그런가 하면 「석양」에서는 문장에서 처연한 서정미를 자아내서 절제미로 마무리한 시인의 숨은 재능을 드러낸다. 한 편의 명화 장면이나 연극의 극적인 대사를 대하는 감동을 준다.

배 떠난 포구/ 외 갈매기/ 슬피 울고/
바람 같은/ 세월은/ 멈추지 않고/
인생은/ 가을같이/ 붉게 익어 가는데/
석양은/ 남은 길 어서 가라/ 더 재촉하네.
-「석양」 전문

한편 「구절초」를 통한 다채로운 이미지 활용과 어머니의 사랑으로 표상한 객관적 상관물 기법도 눈길을 끈다. 기, 승, 전, 결 구조의 마무리 연 가운데.

꽃 중에 예쁘지 않은 꽃 어디 있으랴만/ 흰 꽃잎 신선보다 더 고와 선모초라네/ 꽃말 또한 순수 어머니의 사랑이라네.

이렇게 정겨운 언어로 노래한 하얀빛 싱그러운 선모초 이미지가 가슴에 와 닿는 것이다.

끝으로 우리는 서정시 「절창(絶唱)」에서 기도로 간구하듯 좋은 시를 빚으려 밤잠을 설치는 시인의 자태를 참고해 볼 수 있다.

남은 날은 짧아만 가는데/ 붉은 노을 시로 살게 하옵시고/ 삶의 흔적(痕迹) 그림자가/ 시로 남게 하옵소서.

그만큼 시인이 좋은 시를 빚을 언어 찾기에 골몰함은 머지않아 더 좋은 시작품을 기대하기에 충분하다고 믿어진다.

따라서 앞으로 오성건 시인에 바람직한 과제 한두 가지를 주문해 두고 싶다. 굳이 시의 특색을 찾는다면 여느 시인의 시와 조금 다르게 난해하거나 평범한 한자 시어가 많은 나머지 젊은 독자들에게 부담이 되지 않도록 소통의 배려가 있기 바란다. 그럼에도 이번 시집은 그 내용적인 주제와 제재 면에서 뚜렷하고 올바른 시문학의 기틀을 보여 성공했음은 물론이고 다음에는 하드웨어보다 소프트웨어에 속하는 기교적인 형식면의 더 밀도감 있는 보완이 이루어지길 바란다는 것이다. 언어예술의 꽃인 시문학에서는 사상적 내용에 속하는 '무엇을'보다는 미학적 형식에 해당하는 '어떻게'가 선행하는 문제이기 때문만은 아니다. 이미 오성건 시인 스스로 『월간 문학세계』의 시 등단 소감에서 다짐한 바도 참고된다. '겸손히 배우며 수행자의 마음으로 살 것이다.… 이제 나는 서정과 낭만이 있고 깊은 감동과 호소력 있는 시로 보답해 가련다.' 이런 과제는 앞으로 시간을 두고 밀도감 있게 접근하면 곧 이룩될 일이다.

'어르신문학'의 마중물이 되길

오성건(吳星鍵) 사백은 위에서 살핀 바처럼 타고난 겸손에다 성실에 바탕을 둔 75세 등단이라는 기록적인 늦깎이 시인인 그만큼 특별한 덕목을 지니고 있다. 건실한 삶과 경건한 신앙, 관조적인 통찰에 다양한 기교의 모색뿐만이 아니다. 시 창작 30년을 꾸준히 계속하여 82세의 나이로 처녀 시집을 상재함은 오히려 장한 기록이다. 어쩌면 오성건의 시편에 점철된 언어들은 그대로 한평생 사랑하며 한 국민으로 성실하게 살아온 자신이 이승에 길이 남기는 감상문이요, 증언이다. 그리하여 이렇게 긍정적인 오성건 시문학의 속성들은 이미 고령 사회에 접어든 한국 시단에 새롭게 보여준 어르신문학으로서 바람직한 모델이 될 수 있다. 바야흐로 떠오른 '어르신

문학'은 이전부터 친숙해온 어린이(아동)문학과 상응할 마중물 되기에 안성맞춤이다.

마침 우리 민족이 거듭난 삼일운동 100주년에 이은 창조, 폐허, 백조 동인지의 창간으로 한국 신문학을 연 한 세기와 함께하여 의미를 더한다. 필자의 경우 역시 같은 대학의 거의 동기 동창이면서도 이 시집을 통해서 오성건 시인의 오롯한 존재를 여러분과 함께 제대로 확인하게 된 사실 또한 적지 않은 보람이다. 아무쪼록 앞으로 늦깎이 신진 시인의 건강과 발전을 기대한다. 아울러 거듭난 자세로 새로운 2020년대를 여는 경자년 정월에 선보이는 시집 『한 세상 사노라면』과 더불어 독자 여러분께서 진지한 대화를 나누길 바란다.

우리 모두 2020년 새해의 건필과 행운을 빈다.

시평

뚜렷한 인생관과 신앙으로 비롯된 시

이성교
(시인 · 성신여대 명예교수)

오성건 시인이 오늘 우리 문단에서 특성 있는 시인으로 부각되기까지에는 그 나름의 살아온 경로가 있었다. 그 중에서 뚜렷한 것을 찾아보면 몇 가지 남다른 점이 있었다.

첫째로 그는 시골 태생으로 좋은 환경 속에서 인성을 곱게 키울 수 있었다.

그가 비록 성년이 되어 고향을 떠나 살고 있어도 자연은 늘 큰 위안이 되고 있었다. 그의 많은 시 속에서 보는 자연 친근의식이 바로 그것이다.

이번 시집 속에 돋보이는 「강물」, 「빈들녘 허수아비」, 「낙엽」 등이 그것을 잘 증언하고 있다. 위의 시 제목에서도 암시해 주는 바와 같이 자연의 큰 역사 속에서 인생의 비애 같은 것, 허무 같은 것을 느낄 수 있다는 것이다. 그는 이런 자연 속에서 감성이 풍부해질 수 있었다.

두 번째로 그는 학업을 닦는 청소년 시절부터 시에 대한 애정이 컸었다.

그가 주로 사회에 나와 방송계에서 오랫동안 활동하면서도 문학에 대한 꿈은 먼 하늘에 뜬 무지개처럼 바라보고 그 성취를 위하여 노력하였다. 그것이 수필문학의 데뷔였고 시문학의 데뷔였다.

이같이 그는 뚜렷한 목적으로 오랜 수련을 거쳐 오늘의 시의 큰 꽃밭을 이룬 것이다.

세 번째로 그의 뚜렷한 인생관, 신앙이 그의 시를 살찌게 한 것이다.

일반시가 생활의 단조로움을 그대로 그렸다면 신앙시는 한층 더 차원이 높았다는 것이다.

항상 거기에는 뉘우침이 있었고 소망이 있었고 기쁨이 있었다. 신앙시 그 속에는 깊이 은혜가 있었고 감사가 넘쳐나 있었다.

「은총이 옵니다」, 「한 세상 사노라면」, 「아, 여든 고개」 등이 그것의 고백이라 할 수 있다.

그의 시 전반을 살펴볼 때 그는 확실히 남보다 다른 특성을 지닌, 빼어난 시인임을 볼 수 있다. 그의 시가 더 빛나는데는 그의 전반기 사회활동 방송언론계에서 종사하며 닦은 언어수련의 영향도 컸음을 알 수 있다.

그의 시를 읽는 독자들은 많은 감명을 받을 줄 믿는다.

추천의 글

달관의 경지에 도달

김소엽
(한국기독교예술총연합회 회장·대전대 석좌교수)

표천 오성건 선생은 6.25의 민족의 아픔과 보릿고개를 경험했고 몇 차례의 수술로 삶과 죽음의 실존적 경험을 겪은 사람입니다. 그러므로 그의 시에서 묻어나는 향기는 깊고 진합니다.

그가 등단한 것은 불과 6, 7년 전이지만 이미 그보다 30여 년 전에 그는 김춘수 시인 같은 대 시인을 만나서 사사를 했고 평생 시에 대한 그리움과 습작을 통해서 팔순을 넘기고 82편의 시를 정성껏 한 권 시집으로 묶었습니다.

시인은 모름지기 남이 보지 못하는 것을 보고 듣고 생각해야 합니다. 그리고 그것을 남이 표현해 내지 못한 언어와 이미지를 가지고 독창적으로 표현해 내야 좋은 시를 썼다고 말합니다. 요즈음에 시와 시인은 많아졌어도 이와 같은 시와 시인을 만나기 쉽지 않은데 표천 선생이야말로 좋은 시를 쓰는 시인이라고 나는 생각합니다.

시가 단순한 감성의 나열이 아니요, 단순한 이미지의

전개로 끝나는 것이 아니라, 쉬운 언어로 인생의 깊은 고뇌와 삶의 실존적 문제에까지 도달시켜 나가는 능력이 있어야 합니다. 이것은 기술이 아니라, 작가의 철학적, 신학적 인생관과 세계관에서 비롯된 것입니다.

표천 선생의 시는 이와 같은 작가의 정신세계를 거쳐서 이미 달관의 경지에 도달한 시들이 많이 있음을 보여주어 시를 읽는 즐거움을 주기에 충분합니다. 팔순에 첫 시집을 읽고 생각하는 즐거움까지 더해주는 시집을 낸 것을 충심으로 축하드리며 계속해서 정진과 건필을 기도합니다.

\- 미국 앤아버에서

오성건 시집

한 세상 사노라면

2020년 1월 15일 초판 인쇄
2020년 1월 20일 초판 발행

지은이 / 오성건

발행인 / 강병욱
발행처 / 도서출판 교음사

03147 서울 종로구 삼일대로 457 수운회관 1308호
Tel (02) 737-7081, 739-7879(Fax)
e-mail / gyoeum@daum.net

등록 / 제 2007-00052호

* 잘못된 책은 바꾸어 드립니다.   값 10,000 원

ISBN 978-89-7814-767-5 03810

이 도서의 국립중앙도서관 출판예정도서목록(CIP)은 서지정보유통지원시스템 홈페이지(http://seoji.nl.go.kr)와 국가자료공동목록시스템(http://www.nl.go.kr/kolisnet)에서 이용하실 수 있습니다. (CIP제어번호 : CIP2020002224)